Generis

PUBLISHING

Effet de deux composts biologiques sur les paramètres physico-chimiques du sol et la production de la tomate au Burkina Faso

Jacques SAWADOGO

CIP a Camerei Naționale a Cărții

Sawadogo, Jacques.
Effet de deux composts biologiques sur les paramètres physico-chimiques du sol et la production de la tomate au Burkina Faso / Jacques Sawadogo. – Chișinău : Generis Publishing, 2020 (Print on demand). – 69 p. : fig., fot., tab.
Rez.: lb. engl., fr. – Referințe bibliogr.: p. 55-62.
ISBN 978-9975-154-72-7.
635.64:631.41(662.5)
S 30

Cover image: www.pixabay.com

Publisher: Generis Publishing
Online orders: www.generis-publishing.com
Orders by email: info@generis-publishing.com

Dédicaces

A Dieu mon créateur qui m'a toujours guidé ! Que tout ce qui respire loue l'éternel !

SOMMAIRE

ANOVA : Analyse de variance

ARFA : Association pour la Recherche en Agro-écologie

CNRST : Centre National de la Recherche Scientifique et Technologique

CREAF : Centre de Recherches Environnementale, Agricole et de Formation

C/N : Rapport Carbone-Azote

FAO : Food and Agriculture Organization

FAOSTAT : Statistiques de la FAO

FMV : Fumure Minérale Vulgarisé

GIE : Groupement d'intérêt Economique

GRNSP : Gestion des Ressources Naturelles et Systèmes de Productions

INERA : Institut de l'Environnement et de Recherches Agricoles

IRD : Institut de Recherche et de Développement

JAR : Jour Après Repiquage

MAHRH : Ministère de l'Agriculture, de l'Hydraulique et des Ressources Halieutiques

MASA : Ministère de l'Agriculture et de la Sécurité Alimentaire

MF : Matière Fraiche

MO : Matière Organique

MS : Matière Sèche

NPK : Azote ; Phosphore ; Potassium

RGA : Recensement General de l'Agriculture

UPB : Université Polytechnique de Bobo-Dioulasso.

RESUME

La tomate est une plante bénéfique à l'homme et à la nature. De nos jours, sa culture est confrontée à de nombreux problèmes qui limitent considérablement sa production. Une des contraintes majeures est la baisse de la fertilité des sols. C'est dans ce but que cette étude a été entreprise pour évaluer l'efficacité agronomique de deux composts biologiques sur les propriétés physico-chimiques du sol et sur la production de cette culture. L'étude a été menée dans la commune rurale de Nanoro utilisant un dispositif expérimental en bloc de Fisher complètement randomisé installé dans le périmètre maraîcher de Soala. Six traitements en 3 répétitions ont été appliqués : T0 : témoin absolu, T1 : compost enrichi + ½ dose de la fumure minérale vulgarisée (FMV), T2 : compost enrichi, T3 : FMV, T4 : compost Bokashi + ½ dose de la FMV et T5 : compost Bokashi. La variété de la tomate utilisée dans cette étude est la F1 Mongal. Les paramètres mesurés étaient la hauteur des plants, le diamètre au collet, la longueur et la largeur des fruits, le rendement de la tomate, le pH et les propriétés chimiques (carbone, azote, potassium, phosphore) du sol. Les résultats ont montré que les traitements associant un compost à la demi-dose de la FMV ont eu un effet positif appréciable sur tous les paramètres mesurés par rapport aux autres traitements et que le compost enrichi au *Trichoderma harzianum* était plus efficace que le compost Bokashi. Aussi, l'effet du compost simple sur les paramètres mesurés était supérieur à celui de l'effet induit par la fumure minérale vulgarisée qui à son tour, a contribué à améliorer la croissance et le rendement de la tomate plus que le compost Bokashi. L'analyse chimique a enfin révélé que le compost enrichi au *Trichoderma harzianum* était plus riche en éléments fertilisants que le compost Bokashi. Le pH et les propriétés chimiques du sol ont aussi été améliorés grâce aux deux amendements biologiques. Les amendements biologiques pourraient ainsi donc être une alternative pour relever le niveau de fertilité des sols au Burkina et ainsi contribuer à accroître les rendements des cultures de la tomate.

Mots clés : *Amendement biologique, Bokashi, compost enrichi, paramètres chimiques, rendement de Tomate.*

ABSTRACT

Tomato is a plant that benefits both man and nature. Nowadays, its culture is confronted to many problems which considerably limit its production. One of the major constraints is the decrease of soil fertility. This study was therefore undertaken to evaluate the agronomic efficiency of two biological composts on soil physico-chemical properties and on tomato production. The study was carried out in the rural commune of Nanoro using a complete randomized Fisher block design installed in the market garden perimeter of Soala. Six treatments in 3 repetitions were applied: T0: absolute control, T1 : enriched compost + ½ dose of extended mineral fertilizer (FMV), T2 : enriched compost, T3 : FMV, T4 : Bokashi compost + ½ FMV dose and T5 : Bokashi compost. The variety of tomato used in this study is F1 Mongal. The parameters measured were plant height, stem diameter, fruit length and width, tomato yield, pH and soil chemical properties (carbon, nitrogen, potassium, phosphorus). Results showed that treatments combining compost with FMV half-dose had a significant positive effect on all measured parameters compared to other treatments. They showed that *Trichoderma harzianum* -enriched compost was more effective than Bokashi compost. Also, the effect of simple compost on the measured parameters was greater than that of the effect induced by the extended mineral fertilizer, which contributed to improve the growth and yield of tomatoes more than Bokashi compost. The study also found a strong positive correlation between fruit height, diameter, length and width and tomato yield. Finally, chemical analysis revealed that compost enriched with *Trichoderma harzianum* was richer in fertilizing elements than Bokashi compost. Soil pH and chemical properties have also been improved by the two biological amendments. Organic amendments could therefore be an alternative to raise the level of soil fertility in Burkina Faso and thus contribute to increasing crop yields.

Keywords: Organic amendment, Bokashi, enriched compost , chemical parameters, Tomato yield.

Introduction

La tomate est une plante bénéfique à l'homme et à la nature, elle peut être utilisée sous plusieurs formes (entière, pellée, écrasée ou découpée) et intervient au quotidien dans l'alimentation des populations. Sa production est simple et peu couteuse. Au Burkina Faso, parmi les cultures maraîchères, la tomate est la deuxième culture la plus importante après l'oignon (MASA, 2014). Elle est l'une des spéculations maraîchères cultivées sur tout le territoire national et la production nationale est de 157 086 tonnes, soit 21 % de la production maraichère totale (RGA, 2011). La région du Nord détient la plus grande production avec 39 639 tonnes, soit 25 % de la production totale de tomate (RGA, 2011). Les plus faibles productions sont enregistrées dans les régions des Cascades et du Centre, avec chacune moins de 1 % de la production totale de tomate. La valeur totale des ventes de la tomate est estimée à 17 469 073 587 FCFA soit 21 % du chiffre d'affaires du maraîchage (RGA, 2011).

Entre les campagnes de 2004/2005 et 2013/2014 la production de la tomate est passée de 50 158 tonnes à 289 572 tonnes (MARHASA, 2014). Cependant, son rendement demeure nettement faible par rapport à celui du premier producteur africain qui est de 1 229 755 tonnes en 2013 (FAO-ONU, 2017). Cela implique que cette filière est confrontée à de nombreux problèmes qui limitent considérablement sa production. En effet, plusieurs facteurs d'ordre biotiques et abiotiques se conjuguent pour expliquer ce faible rendement ; Il s'agit entre autres des ravageurs, des champignons, des virus et des bactéries qui constituent des contraintes biotiques majeures pour la production de la tomate (Ouedraogo, 2016). La pauvreté des sols en matière organique et en phosphore est principalement des contraintes à l'intensification de la production des cultures (Lompo *et al.*, 2009). La forte pression sur les terres agricoles réduit également la disponibilité des éléments fertilisants et occasionne ainsi une baisse significative de la fertilité du sol et des rendements (Bado, 2002 ; Boga, 2007). De plus, des cultures successives avec ou sans fumure minérale contribuent à l'appauvrissement du sol en matière organique et en l'acidifiant (Ouedraogo, 2019). En outre, l'application exclusive des engrais minéraux n'est généralement efficace que pendant les premières années d'apports continus ; on constate en effet une baisse de rendement après quelques années à cause de la dégradation des propriétés physico-chimiques des sols (Sikuzani *et al.*, 2014). Ainsi, de nombreuses études ont montré les effets négatifs des engrais minéraux à long terme sur la fertilité du sol à travers notamment leur effet acidifiant sur le sol (Sedogo, 1993 ; Bado *et al.*, 1997 ; Bonzi, 2002).

Face à cette situation, la culture maraîchère doit s'orienter vers la gestion intégrée de la fertilité des sols. Cette gestion peut s'effectuer à travers l'utilisation des ressources locales et des fertilisants organiques tels que le fumier et le compost. Ainsi, pour favoriser l'usage des matières organiques en guise de fumure de fond, certains industriels se sont lancés dans la production et la commercialisation de composts organo-biologiques. Parmi ces fertilisants, on distingue le compost Bokashi et le compost enrichi au *Trichoderma harzianum*.

C'est donc dans le but d'évaluer l'effet de ces deux amendements biologiques sur la production de la tomate et sur les propriétés physico-chimiques des sols que la présente étude intitulée : **« Efficacité agronomique de deux composts biologiques (compost Bokashi et compost enrichi au** *trichoderma harzianum*) **sur la production de la tomate** (*Lycopersicon esculentum Mill. Solanacée*) **et sur les paramètres physico-chimiques du sol dans la commune rurale de Nanoro »**, a été menée.

L'objectif général de l'étude est de déterminer l'effet de l'enrichissement des sols amendés avec les composts biologiques sur la production de la tomate et les propriétés chimiques du sol.

De façon spécifique, il s'agit de :

- évaluer l'effet des amendements biologiques sur le développement agro-morphologique de la tomate ;
- évaluer l'effet des amendements biologiques sur le rendement de la tomate ;
- évaluer l'effet des amendements biologiques sur le pH et les autres propriétés chimiques du sol (matière organique, N, P et K).

Pour atteindre ces objectifs, trois hypothèses ont été formulées :

- les amendements biologiques ont un effet sur le développement agro-morphologique de la tomate ;
- les amendements biologiques améliorent significativement le rendement de la tomate ;
- les amendements biologiques améliorent les propriétés physiques et chimiques et du sol.

Le présent travail, qui est une contribution à la valorisation des amendements biologiques est articulé autour des points suivants : Le premier chapitre est consacré à la revue bibliographique sur les amendements biologiques. Le second chapitre est reservé à l'exposé de matériel et la méthodologie utilisé. Enfin le dernier chapitre présente les résultats obtenus dans le cadre de la valorisation suivi de la discussion.

Chapitre I : Synthèse bibliographique

1.1. Généralité sur les amendements biologiques
1.1.1. Définitions de concepts

Afin de mieux aborder le sujet de l'étude, il convient de définir et de comprendre les mots-clés et les concepts fondamentaux sur lesquels reposeront les analyses.

- ***Amendement***

Ce mot dérive du verbe amender, venant du latin *emendare* (corriger, améliorer). En agriculture, l'amendement est une opération visant à améliorer les propriétés biologiques physiques et/ou chimiques d'un sol.

Exemple : apport de produits ou de matériaux fertilisants.

- ***Amendement organo-biologique***

Un amendement organique qualifie un amendement provenant principalement de substances d'origines végétales (substrats locaux), mais pouvant quelques fois contenir des déchets animaux liquides et solides. Le mot « biologique » étant relatif à la biologie, science de la vie et des organismes vivants ; un amendement organo-biologique est donc un produit contenant des matières organiques vivantes qui contribuent à l'amélioration de la croissance des plantes.

- ***Matière organique*** (MO)

La matière organique peut être définie comme la matière spécifique des êtres vivants végétaux et animaux (Mustin, 1987) avec le carbone, l'hydrogène, l'oxygène et l'azote comme éléments caractéristiques représentant 95% de la masse totale. Elle est un des constituants normaux des sols où elle subit une série de transformations, qui la font se décomposer, se transformer en humus, puis se minéraliser, sous l'action de micro-organismes et sous l'influence du milieu (Mbouka, 2000).

- ***Compost***

Le compost est le produit final issu de la du processus de compostage. Sa composition et ses caractéristiques dépendent de la composition et de la nature du substrat original. Le compost peut être définir comme un mélange de résidus divers, d'origine végétale ou animale, mis en fermentation lente afin d'assurer la décomposition de la matière organique, et utilisé comme engrais ou amendement (Mbouaka, 2000). Il modifie la dynamique de la matière organique (MO) dans le sol, ainsi que toutes les propriétés physiques, chimiques et biologiques qui lui sont liées (Hema, 2003).

- Notion de fertilité des sols

Le concept de fertilité des sols fait partie des concepts classiques et importants de la science du sol et de l'agronomie (Maba, 2007). La fertilité est perçue comme l'aptitude d'un milieu et non seulement d'un terrain à produire, dont on apprécie les diverses caractéristiques (Pieri, 1989). C'est donc une notion qui a évolué et qui appelle une appréciation plus large, basée sur la confrontation entre les caractéristiques pédoclimatiques du milieu, les systèmes de production et les techniques agricoles pratiquées.

Ainsi, pour Mando *et al.* (2000), la fertilité d'un sol désigne sa capacité à fonctionner dans les limites d'un écosystème aménagé ou naturel afin de soutenir la production animale ou végétale, de maintenir voire même d'améliorer la qualité des systèmes auxquels il est lié. La fertilité d'un sol décrit son efficience à :

- ✓ stocker et à libérer des éléments minéraux et d'autres constituants du sol pour les plantes ;
- ✓ stocker et à libérer l'eau pour les besoins des plantes afin de promouvoir et d'assurer leur croissance racinaire.

Selon Lal. et Miller (1993), une base de données minimale requise pour évaluer la fertilité d'un sol doit comprendre au :

- ✓ plan physique : la structure, la porosité et la profondeur d'enracinement ;
- ✓ plan chimique : la teneur en matière organique et la dynamique du carbone, le recyclage des nutriments et leur dynamique, la réaction du sol en relation avec l'acidification ou l'alcanisation et la capacité tampon ;
- ✓ plan biologique : la microflore, la microfaune et le cycle du carbone, les biotransformations (immobilisation, minéralisation, assimilation) et la biodiversité du sol.

1.1.2. Impact des amendements organiques sur les propriétés des sols

L'apport à un sol de matières organiques exogènes modifie la quantité et la qualité de la matière organique présentes dans ce sol, ce qui influe sur son fonctionnement par modification des propriétés des sols (Gountan, 2013). En effet, elle allège les terres lourdes, donne du corps aux terres légères et reconstitue le stock de matière organique du sol et l'humus du sol. Par leur minéralisation progressive, la matière organique permet de nourrir durablement les végétaux, sans risque de lessivage, tout en assurant une meilleure circulation de l'air et de l'eau. En fait, elle "nourrit" le sol avant de nourrir la plante une fois décomposée en minéraux assimilables.

1.1.2.1. Impacts sur les propriétés chimiques du sol

Les apports des composts ont un effet significatif sur la teneur en phosphore dans le sol. Cet effet est fonction des doses apportées et de type de fertilisants (Sikuzani et *al.*, 2014). Pour ce qui est de l'azote, les composts contiennent relativement peu d'azote (0,5 à 6 % en fonction des composantes de base), leur apport en quantité peut fournir l'azote complémentaire nécessaire et enclencher sa dynamique dans le sol (N'dienor, 2006). Les fumures organiques libèrent de l'azote sous forme assimilable pour la plante et leurs actions sont lentes et progressives (Nyembo et *al.*, 2014). Les études de Kotchi et *al.*, (2010) et Mulaji, (2011) ont montré un accroissement considérable des concentrations des cations basiques principaux (Ca, K) dans le sol après un apport répété en compost.

1.1.2.2. Impact sur les propriétés physiques du sol

L'apport des matières organiques rehausse le pH du sol. Cette augmentation serait due non seulement à l'effet tampon de la matière organique, à la teneur en cations basiques (essentiellement le Ca et Mg), à la présence des microorganismes filamenteux qui prennent naissance dans les apports organiques et à la complexassions de l'aluminium (Sikuzani et *al.*, 2014).

1.1.2.3. Impact sur les propriétés biologiques du sol

D'une façon générale, la matière organique induit une augmentation de la macrofaune totale du sol et la respiration basale des microorganismes ; elle stimule donc l'activité microbienne et la macrofaune du sol (Gountan, 2013) ; ce qui favorise l'amélioration des caractéristiques du milieu. Ainsi, la férentescibilité du compost dans le sol dépend de l'origine des matériaux compostés et de l'âge du compost (Mbouaka, 2000). Cette propriété peut être lente ou rapide en fonction de l'origine, et décroît avec l'âge du compost.

1.1.3. Types d'amendements appliqués

Dans la présente étude, deux composts biologiques ont été utilisés : le Bokashi et le compost enrichi au *trichoderma harzianum*.

1.1.3.1. Le Bokashi

Le compost Bokashi (**photo 1**), est dérivé d'un mot japonais qui signifie « matière organique fermentée » ou « engrais organique fermenté », est un engrais fermenté produit à partir de la dégradation aérobie ou anaérobie de matériaux d'origine végétale et/ou animale, il a été inventé par le professeur Higa et compost contient une grande quantité d'éléments nutritifs, il est comparable à un engrais minéral tel que le NPK (Arias, 2001). Traditionnellement, les agriculteurs japonais utilisent le Bokashi pour améliorer la fertilité du sol et fournir des substances nutritives aux cultures (Ouedraogo, 2019).

Photo 1 : compost Bokashi

1.1.3.2. Compost enrichi au *Trichoderma harzianum*

Le compost simple est un terreau écologique d'excellente qualité issue de la décomposition biologique de matières organiques en présence d'air. Cet amendement a une faible teneur en éléments contaminants (métaux par exemple) et une forte teneur en éléments fertilisants (Inckel *et al.*, 2005).

Le *Trichoderma harzianum* (**photo 2**) est un ensemble de champignons imparfaits saprophytes qui se retrouvent couramment dans le sol, sur le bois mort, les débits végétaux et les organes aériens des plantes (Ouedraogo, 2019). Il est efficace pour la protection des racines. En effet, il permet de créer un manchon protecteur autour de celles-ci et ainsi de contrer l'entrée des agents pathogènes à l'intérieur des racines (Ouedraogo, 2019).

Le compost enrichi au *Trichoderma harzianum* est alors un biofertilisant dont le microorganisme principal est le *Trichoderma harzianum* qui améliore les caractéristiques physiques, chimiques et biologiques du compost. A la suite de l'inoculation de ces microorganismes, la teneur en azote du compost à base de paille peut être augmentée d'environ 2%. Ils permettent également de réduire considérablement la présence de métaux lourds dans le produit final (Paredes, 2013).

Photo 2 : compost enrichi au *Trichoderma harzianum*

1.1.4. Limites liées à l'utilisation des composts biologiques

La disponibilité de la matière organique limite considérablement les producteurs, les empêchant de suivre les normes de production d'un bon compost. Il s'agit entre autres de :

- la faible disponibilité des résidus de récolte (Bacyé, 1993 ; Bougoum, 2012) du fait que les exploitations agricoles au Burkina sont de type agro-pastoral ;
- la consommation de grande quantité d'eau (Karambiri, 2007). Cela entraine une concurrence dans l'utilisation de l'eau entre le compostage et les usages des ménages (Sanon, 2009) ;
- des difficultés de collecte de déjections animales qui représente 22% des contraintes (Sanon, 2009).

Les principales contraintes socio-économiques rencontrées sont :

- la faible disponibilité des activeurs (Sanon, 2009) ;
- le coût élevé des activeurs (Karambiri, 2007) ; et
- les temps de travail trop élevé dû à la durée de compostage (Sanon, 2009).

1.2. Généralité sur la tomate
1.2.1. Origine de la tomate

La tomate (*Lycopersicon esculentum* Mill.) est une plante herbacée originaire de l'Amérique du Sud (Bénard, 2009 ; Chougard, 2011). Domestiquée au Mexique, elle a été introduite en Europe à partir des années 1544 (Shankara *et al.*, 2005). Puis de l'Europe, la culture s'est répandue en Asie du Sud et de l'Est, en Afrique et au Moyen-Orient (Shankara *et al.*, 2005). Elle appartient à la famille des solanaceae. Cette famille comprend 102 genres avec environ 2500 espèces d'annuelles, de vivaces ligneuses ou non ligneuses, de petits arbustes et arbres. Selon les 7 sous-familles, les *Solanoidées* sont les plus répandues dans le monde entier. Les genres *Schwenckioidées,* et *Pétunioidées* sont originaires d'Amérique du sud; les *Pétunioidées* d'Amérique centrale ; et les *Nicotianoidées* des Antilles et d'Australie (Toundou, 2016).

1.2.2. Caractéristique de la tomate

La tomate est une plante herbacée qui tend à se lignifier en vieillissant. Son port dressé au début de la plantation devient naturellement tapissant si aucun tuteurage n'intervient lorsqu'elle grandit. Les feuilles, alternes, peuvent prendre des formes très différentes, selon les variétés (Toundou, 2016). La **Figure 1** présente un schéma d'un pied de tomate.

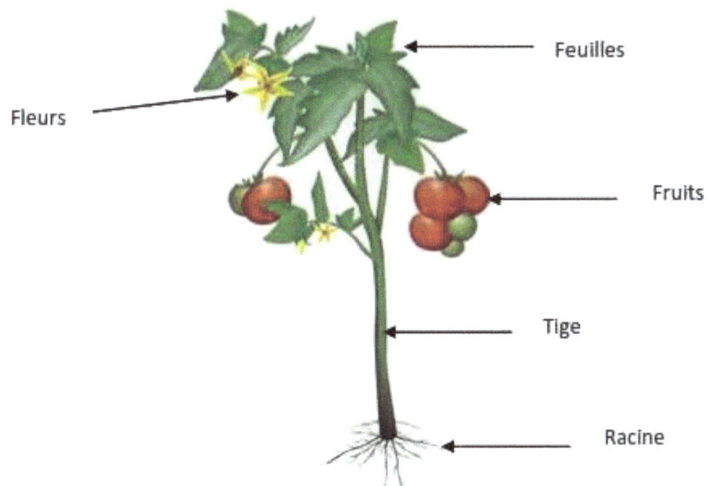

Figure 1 *: Schéma d'une plante de tomate*
Source : Toundou, 2016

La classification taxonomique de la tomate se présente comme suit :

Tableau I : Classification systématique de la tomate

Règne	Plantae
Sous règne	Trachenobionta
Division	Magnoliophyta
Classe	Magnoliopsida
Sous classe	Asteridae
Ordre	Solanales
Famille	Solanaceae
Genre	*Solanum ou Lycopersicon*
Espèce	*Lycopersicon esculentum*

Source : Toundou, 2016

La culture de la tomate (*Lycopersicum esculentum* Mill.) a connu de fortes mutations technologiques au cours des dix dernières années. Ainsi elle a pu s'adapter aux exigences de qualité et de calendrier imposés par les marchés, et permettre de relever le défi de la compétitivité par rapport aux autres origines concurrentielles et aux facteurs environnementaux (Toundou, 2016).

1.2.3. Cycle végétatif et exigence écologique de la tomate
1.2.3.1. Cycle végétatif de la tomate

Le cycle végétatif observé chez la tomate dure entre 90 à 120 jours (Messiaen, 1975). La multiplication se fait par graines. Il s'écoule 50 à 65 jours entre le semis et la floraison qui se produit après une croissance végétative de 7 à 14 feuilles composées (Dore et Varoqaux, 2006). Selon les variétés, la croissance peut être déterminée ou indéterminée. Les variétés à croissance indéterminée produisent un bouquet toutes les trois feuilles durant toute la vie de la plante. Tandis qu'au niveau des variétés à croissance déterminée, un bouquet terminal apparaît après deux à quatre inflorescences et plusieurs bourgeons axillaires s'y développent. D'après le *Memento de l'agronome* (2018), la floraison est concentrée sur une période limitée. Ensuite survient une période de croissance des fruits (45 à 55 jours) qui sépare l'épanouissement de la fleur à la récolte du fruit, en fonction de la température.

1.2.3.2. Exigences écologiques de la tomate

La tomate se développe bien pendant les périodes fraîches et sèches avec des températures comprises entre 21 et 24°C (Shankara et *al.*, 2005). La plante est peu sensible au photopériodisme, mais est exigeante en énergie lumineuse. Un faible rayonnement lumineux réduit le nombre de fleurs par bouquet et affecte la fécondation (Memento, 2018). De fortes températures du jour combinées à des températures tièdes la nuit (écart jour/nuit < 10°C), provoquent l'avortement des fleurs et des fruits (Caburet, 2002). La tomate pousse bien sur des sols riches en éléments minéraux et qui ont une bonne capacité de rétention en eau, une bonne aération et qui sont libres de sels (Naika et *al.*, 2005). Elle préfère les terres limoneuses profondes et bien drainées (Ouedraogo, 2016). Une profondeur de sol de 15 à 20 cm est favorable à la bonne croissance d'une culture saine. La tomate tolère modérément un large intervalle de valeurs du pH (niveau d'acidité), mais pousse le mieux sur des sols où la valeur du pH varie entre 5,5 et 6,8 (Shankara et *al.*, 2005 ; Ouedraogo, 2016).

1.2.4. Importance de la production de la tomate

La tomate est cultivée pour ses fruits, utilisés en frais ou transformés en conserve. Elle est la troisième espèce cultivée au monde, après la pomme de terre et la patate douce, et le deuxième légume le plus consommé (Bénard, 2009). Selon Péron (2006), cent-cinquante-millions de tonnes de tomates sont produites annuellement dans le monde. La production mondiale a augmenté de 35 % au cours des dix dernières années (FAO 2005). L'Asie assure 45 % de cette production suivie de l'Europe (22 %), l'Afrique (12 %), l'Amérique du Nord (11 %) et l'Amérique du Sud et centrale (8 %) (Mémento, 2018).

Au nombre des cultures maraîchères, la tomate est la plus importante au Burkina Faso. Elle occupe le premier rang sur le plan de la quantité produite et sur le plan des revenus monétaires (Garane et *al.*, 2019). Également les exportations de tomates fraîches ont évolué en milliers de tonnes de 2002 à 2006 (EASYPol, 2007).

1.2.5. Composition biochimique et importance nutritionnelle de la tomate

Les feuilles de tomates sont toxiques à cause des quantités importantes d'alcaloïdes qu'elles contiennent (Bénard, 2009). Les fruits de tomate sont majoritairement composés d'eau, environ 95%, et possèdent peu de lipides et protides, ce qui en fait un aliment peu calorique, 15 à 20 calories pour 100g. La matière sèche des fruits est principalement composée de sucres (glucose et fructose), environ 50% de la MS (Blanc, 1986). La cellulose et l'hémicellulose représentent environ 10% de la MS et les acides organiques 13% (Blanc, 1986). Les tomates possèdent également de nombreuses vitamines : A, B1, E et C, ainsi que des fibres (1,8g pour 100g de Matière Fraiche), des acides aminés essentiels, des sels minéraux (potassium, chlore, magnésium, phosphore) et des oligoéléments (fer, zinc, cuivre, cobalt, bore, nickel, iode), ce qui en fait un aliment particulièrement recommandé par les diététiciens (De Broglie et Guéroult, 2005).

L'intérêt nutritionnel de la tomate réside dans le fait que ce fruit contient de nombreux métabolites secondaires, et des antioxydants. En effet, la tomate contient des polyphénols, des flavonoïdes et des dérivés d'acides hydroxycinnamiques (Moco *et al.*, 2006). Le fruit de tomate contient également des caroténoïdes, responsables de la couleur rouge de la tomate.

1.2.6. Contraintes de la production de la tomate

Les contraintes liées à la production de la tomate sont d'ordre biotique et abiotique. Pour les producteurs de tomate en particulier les maladies et les ravageurs constituent un véritable problème. En effet, les insectes ravageurs causent d'énormes dégâts aux cultures dans presque toutes les zones de production. Les principaux ravageurs de la tomate connus aujourd'hui sont *Helicoverpa armigera*, *Bemisia tabaci*, les Thrips, *Tuta absoluta*, les pucerons (Ouedraogo, 2016). Ainsi, les principales maladies parasitaires observées sur la tomate sont : le chancre bactérien, l'altemariose, l'anthracnose, la fusariose, le mildiou, le flétrissement bactérien (Ouedraogo, 2016).

Les contraintes abiotiques regroupent les difficultés liées à la production, au financement et à la commercialisation (MAHRH, 2011). Sur le plan de la production, les producteurs maraîchers ont des difficultés d'accès aux intrants et aux équipements. De plus, la non maitrise des techniques de production, l'insuffisance des terres et la rareté de l'eau sur les sites maraîchers sont une barrière à l'intensification de la culture. En fin, le manque de moyens financiers des maraîchers et l'inaccessibilité au crédit agricole constituent les principales difficultés. Sur le plan de la commercialisation, les difficultés rencontrées sont la mévente, les bas prix des produits maraichers, l'éloignement des centres de vente, le mauvais état des routes (MAHRH, 2011). A cela s'ajoutent les contraintes climatiques et la pauvreté des sols qui concourent à un certain nombre de problèmes (Ouedraogo, 2016).

1.3. Présentation de la structure

Au Burkina Faso, certaines structures se sont lancées dans le respect de la santé environnementale, humaine et animale. C'est dans cette même volonté que **BIOPROTECT-B**, un groupement d'intérêt économique (GIE) en collaboration avec les associés fondateurs, dont l'Association pour la Recherche et la Formation en Agro- écologie (**ARFA**), basée au Burkina Faso et la société de recherche et développement en protection des végétaux **BIOPHYTECH**, basée en France, œuvre pour l'agriculture durable. Créé en 2011, le GIE-BIOPROTECT propose des solutions innovantes pour augmenter les rendements et sécuriser les récoltes en passant par le maintien de la fertilité des sols. Il s'est donné pour spécialité la recherche et le développement de moyens biologiques en termes de fertilisation des sols et de protection de végétaux, la formation et l'appui conseil dans le domaine de l'agriculture biologique.

1.3.1. Mission

Cette structure a pour mission de contribuer au développement de l'agriculture biologique burkinabé en mettant à la disposition des agriculteurs et à des prix très abordables, des produits de fertilisation des sols et de protections des végétaux d'origines biologiques. BIOPROTECT-B a été créé dans l'optique d'apporter des solutions innovantes et durables aux problèmes de développement du monde rural. De ce fait, par ses activités de recherche-développement participative avec les communautés locales, il propose des innovations qui sont validées par des centres de recherche partenaire (IRD, IFDC, INERA).

1.3.2. Vocation

Il s'agit d'assurer la production, la promotion et la distribution des biostimulants et autres produits de protection de végétaux et de fertilisations des sols. Ces biostimulants sont d'origines biologiques et offrent aux agriculteurs une alternative durable à l'utilisation des pesticides chimiques très polluants. Cette structure œuvre à l'appui technique et l'assistance à l'obtention de la certification biologique, assure également la commercialisation des biopesticides et les formations sur l'adoption des pratiques agro-écologiques. Le GIE-BIOPROTECT intervient aussi dans la commercialisation des légumes biologiques (tomate, laitue, courge, etc.) dans la ville de Ouagadougou à travers sa boutique ECO-BIO située à Kouritenga. La structure intervient également dans l'exportation du sésame biologique.

1.3.3. Métier

BIOPROTECT-B offre aux agriculteurs des produits biologiques de qualité non nocifs pour l'applicateur, le consommateur et respectant l'environnement. Ces produits sont efficaces contre les ravageurs de plantes tels que les annélides (Méloidogynes), les maladies fongiques et bactériologiques (la Cladosporiose, le Mildiou, l'oïdium, les Pourritures grises, etc.).
Pour mener à bien ses différentes activités et atteindre les objectifs qu'elle s'est fixée, la structure a été répartie en quatre départements, à savoir :
- ✓ Le département intrant qui œuvre pour la production et la commercialisation des produits tels que les biofertilisants et les bio pesticides ; le suivi et l'appui conseil sur l'utilisation de ces produits ;
- ✓ Le département formation qui s'occupe de l'encadrement et de l'assistance technique en vue de l'adoption des pratiques agro écologiques/biologiques par les producteurs ;
- ✓ Le département légume, chargé de la promotion et de la commercialisation des légumes provenant des producteurs encadrés par BIOPROTECT-B et engagés dans une dynamique de production agro- écologique. C'est dans ce département dans que lq présente étude est conduite ;
- ✓ Le département administratif qui trait à tout ce qui est en lien avec les aspects administratifs de la structure.

1.3.4. Présentation de la gamme de produits de BIOPROTECT-B

BIOPROTECT-B dispose d'une gamme variée de produits naturels (*le SOLSAIN, le PLANTSAIN, le LIMOSAIN, le PIOL*) de traitement des plantes et des sols. Ces produits sont autorisés en agriculture biologique et sont conditionnés dans des flacons de 0,5 litre et 1 litre. Ils sont fabriqués à base d'éléments naturels et permettent non seulement d'optimiser les rendements, d'améliorer la fertilité des sols, mais surtout de préserver la santé humaine et celle de l'environnement.

✓ **SOLSAIN**

C'est un engrais organique starter qui améliore la santé, la vitalité et la qualité des végétaux et du sol. Il présente une forte concentration de spores de *Trichoderma harzianum* qui vont rapidement coloniser le milieu racinaire en mettant en place une véritable barrière physique contre les champignons pathogènes, tels que *Rhizoctonia, Pythium, sclérotinia* et les autres champignons à sclérotes. De plus, SOLSAIN stimule le développement racinaire suite à la libération d'hormones de croissance et à la solubilisation d'éléments nutritifs à proximité immédiate des racines. Enfin, les composés actifs de SOLSAIN induisent une stimulation des défenses naturelles de la plante. Il est présenté sous forme liquide.

✓ **PLANTSAIN**

C'est un produit issu de travaux de recherche en physiologie végétale. Sa formule à base d'extraits de *Trichoderma harzianum* pénètre au plus profond des vaisseaux et va permettre la fluidification de la sève, afin d'empêcher la formation de bouchons et l'encombrement des vaisseaux par des pathogènes. PLANTSAIN optimise aussi la nutrition des végétaux en apportant des éléments nutritifs bénéfiques (fer, cuivre, magnésium, et autres oligo-éléments), améliore le métabolisme et protège contre les agressions de pathogènes (bio contrôle de *fusarioses, verticillium, phytophtora,* etc.).

✓ **LIMOSAIN**

C'est un produit innovant issu de travaux de recherche en physiologie végétale. Sa formule à base d'extraits d'orange purifiés et de *Trichoderma harzianum* a révélé une action asséchante sur les carapaces suite à une déshydratation de la cuticule des insectes. LIMOSAIN optimise également la nutrition des végétaux en apportant du Bore, élément nutritif bénéfique. Cet élément agit sur la division des cellules. La formule innovante de LIMOSAIN créée des conditions particulières qui favorisent l'absorption du bore par la plante.

✓ **PIOL**

Il s'agit d'un bio pesticide formulé à base d'extraits naturels de *Capsicum annuum, allium cepa, allium sativum*et *d'azadiractin*. Le PIOL, formule renforcée du LIMOSAIN, lutte efficacement contre les ravageurs de toutes cultures. Il favorise le bio contrôle et est un excellent phytostimulant.

Par ailleurs, le GIE-BIOPROTECT dispose d'une gamme de produits, mais nous n'avons cité que ceux qui concernent notre étude.

Chapitre II : Matériel et méthode

2.1. Description de la zone d'étude

La présente étude a été conduite dans le village de Soala, situé dans la commune rurale de Nanoro chef-lieu de la province du Boulkiemdé, région du Centre-Ouest (**Figure 2**). La commune rurale de Nanoro couvre une superficie de 356 Km^2. Elle est à environ 90,3 km de Ouagadougou et est traversée par la route régionale n°13. Elle est limitée :

- au Nord par les communes rurales de Pilimpikou et Arbolé ;
- au Nord-Ouest par la commune rurale de Samba ;
- au Nord Est par la commune rurale de Niou ;
- à l'Est par la commune urbaine de Boussé et la commune rurale de Siglé ;
- à l'Ouest par la commune rurale de Kordié ;
- au Sud par les communes rurales de Pelle et Saow.

Soala est situé à 28 km de la commune rurale de Nanoro. Le village a pour coordonnées géographiques 12°39'18'' latitude Nord, 1°57'37'' longitude Ouest (Sawadogo *et al.,* 2019).

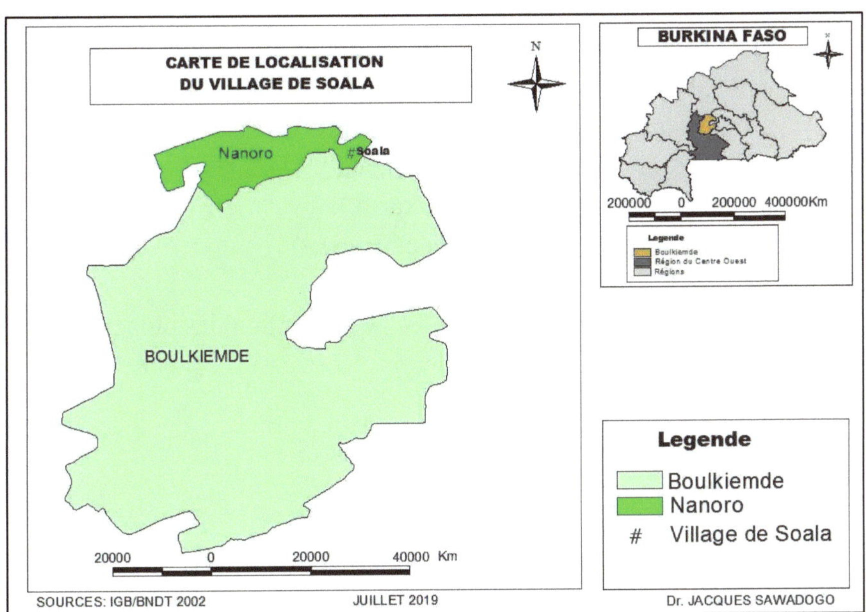

Figure 2 : *localisation de la zone de l'étude*
Source : BNDT/BDOT 2002 PNGT-IGB

2.1.1. Climat

Le terroir communal de Nanoro appartient à la région climatique soudano-sahélienne ; le climat nord soudanien ayant une pluviométrie moyenne variant entre 600 et 1000 mm par an (Ouedraogo, 2019). De façon générale, cette pluviométrie est mal répartie et irrégulière sur l'ensemble de la région (Kabore et Ouedraogo, 2009). Cette situation n'est pas très favorable au bon développement des activités agro-sylvo-pastorales.

2.1.2. Hydrographie

Le réseau hydrographique de la commune est principalement muni de quelques marres et de cours d'eau temporaires. En outre, la réalisation du barrage de Soum, l'existence des anciens barrages et les projets d'aménagements de périmètres maraîchers constituent un atout pour la tonification des cultures de contre saison (Ouedraogo, 2019).

2.1.3. Végétation

Dans la commune de Nanoro, selon Ouedraogo (2019) la savane herbeuse, arbustive et la forêt-galerie le long des cours d'eau sont les principales formations végétales rencontrées. Les espèces les plus importantes sont :

- *Adansonia digitata* (le baobab),
- *Tamarindus indica* (le tamarinier),
- *Parkia biglobosa* (le néré),
- *Vitellaria paradoxa* (le karité),
- *Khaya senegalensis* (le caïlcédrat)

De plus on rencontre des graminées pérennes dont les plus importantes sont : *Andropogon gayanus, Cymbopogon spp., Loudetia togoensis, Schoenefeldia gracilis.*

2.1.4. Sols

La majeure partie du territoire communal est couvert de sols peu évolués et érodés sur matériaux gravillonnaire, de sols ferrugineux tropicaux peu lessivés et de sols hydromorphes (Ouedraogo, 2019). Ce sont :

- Des sols sableux en majorité ;

- Des sols peu évolués en buttes et cuirassés ;
- Des sols de pentes ferrugineux et gravillonnaire peu profond et peu fertile ;
- Des sols de bas-fonds argileux et lourds ;
- Des sols de basses-pentes limoneux sableux moyennement fertile et plus profond que les sols ferrugineux et gravillonnaire.

2.1.5.   Activités économiques

La vie économique du village de Soala est conformée par trois activités que sont l'agriculture, l'élevage et le commerce.

❖ Agriculture

La pluviométrie dont bénéficie le village de Soala est relativement favorable à l'activité agricole. Les cultures vivrières sont le sorgho blanc, le sorgho rouge, le mil, le maïs et le riz. La culture vivrière est de type pluvial et est caractérisée par un faible rendement à cause de la non-maitrise des techniques modernes agricoles et de l'insuffisance de terres cultivables. Les cultures de rente sont pratiquées pendant l'hivernage et rencontrent les mêmes difficultés que les cultures vivrières ; ce sont le niébé, le voandzou et le sésame.

La production maraîchère quant à elle, est toujours au stade embryonnaire mais attire peu à peu l'attention des producteurs. Les principales spéculations sont : la tomate, l'oignon, le chou, les courges, le concombre, l'aubergine, le gombo, le piment ect.

❖ Élevage

L'élevage constitue la deuxième activité la plus importante des populations. Les animaux d'élevage forment une sorte d'épargne vivante. Les principaux genres élevés sont les bovins, ovins, caprins, les porcins, les équins et la volaille.

❖ Le commerce et Artisanat

Les principales activités sont le petit commerce, la transformation des produits végétaux et l'artisanat. Le petit commerce porte sur les produits manufacturés, les produits agricoles, la volaille, les petits ruminants, les produits de transformation locale et les produits artisanaux. La transformation et la commercialisation des produits végétaux sont essentiellement pratiquées par les femmes et concernent la transformation des amendes de karité en beurre de karité, des graines de néré en soumbala, la fabrication de la bière de mil (dolo) et autres produits locaux. Le tissage, la poterie, la forge et la vannerie sont à ce jour les plus importantes activités artisanales recensées.

2.2. Matériel utilisé
2.2.1. Matériel végétal

Le matériel végétal utilisé dans cette étude est de la tomate ; de la variété F1 Mongal de tomate (*Lycopersicon esculentum*). Elle est la plus produite au au Burkina Faso, particulièrement dans la province du Boulkiemdé (Soala) (Ouedraogo, 2019).

Les caractéristiques du matériel végétal étudié sont consignées dans le **tableau II**.

Tableau II : Caractéristiques de la F1 Mongal

Description générale	Caractéristiques de la plante	Caractéristiques du Fruit
Espèce : *Lycopersicon lycopersicum* (L.) Karsten ex Farw. Nature génétique : Hybride Obtenteur : Tropicasem/ Technisem Lieu de sélection : Dakar, Sénégal	Type de croissance : Déterminé Feuille : • Port : Érigé •Division du limbe : Pennée Couleur fleur : Jaune	Forme en section longitudinale : Ronde aplatie Nombre de loges : 4 ou plus Couleur à maturité : Rouge vif Couleur de la chair (à maturité) : Rouge Fermeté : Molle Époque de maturité : 65 jours

2.2.2. Matériel de travail

Le matériel utilisé pour la conduite de l'étude est présenté par la **photo 3**.

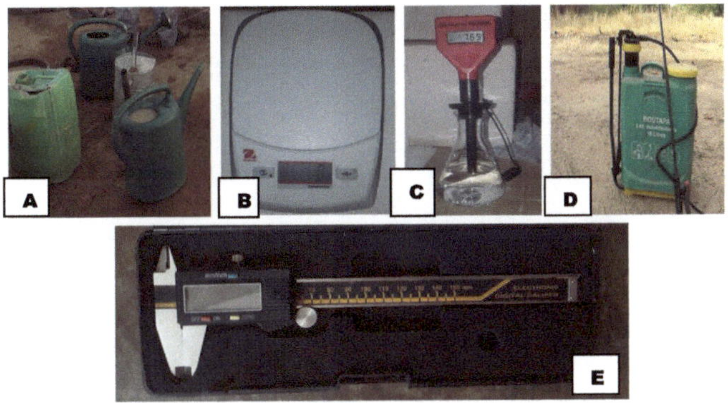

Photo 3 : Matériels utilisés pour les travaux champêtres
A : arrosoirs et bidons ; B : Peson ; C : pHmètre ; D : pulvérisateur de 16L ; E : pied à coulisse numérique

2.2.3. Traitement phytosanitaire

Le produit phytosanitaire utilisé est un fongicide et biostimulant à base de *Trichoderma harzianum*, d'azote organique et d'acide humique. Il a été utilisé au moment du repiquage pour lutter contre les champignons du sol. Un biopesticide aux extraits naturels de pin, Mn, B, MaO et D-limonène a aussi été utilisé pour le contrôle des insectes à carapace et à corps mous. Les ravageurs des fruits ont été combattus grâce à un insecticide biologique à base de *Allium cepa* et *Allium sativum*, azadiractin, mouillont et *capsicum annuum*. Enfin, pour lutter contre les chenilles, un insecticide biologique à base de Neem, moutarde, piment, ail et menthe a été utilisé.

2.2.4. Fertilisants utilisés et traitements appliqués

Deux types de fertilisations ont été effectuées : une fertilisation organique à base des composts (Bokashi et compost enrichi au *Trichoderma harzianum*) **(Photos 1 et 2)** et une fertilisation minérale basée sur l'engrais NPK et l'urée **(Photo 4)**.

Photo 4 : 1 (NPK 14-23-14-6S), 2 (Urée 46%)

2.3.   Méthodologie de collecte de données
2.3.1.   Dispositif expérimental

Le dispositif expérimental utilisé est un bloc de Fisher complètement randomisé constitué de six (06) traitements avec trois (03) répétitions par traitement (**figure 3**).

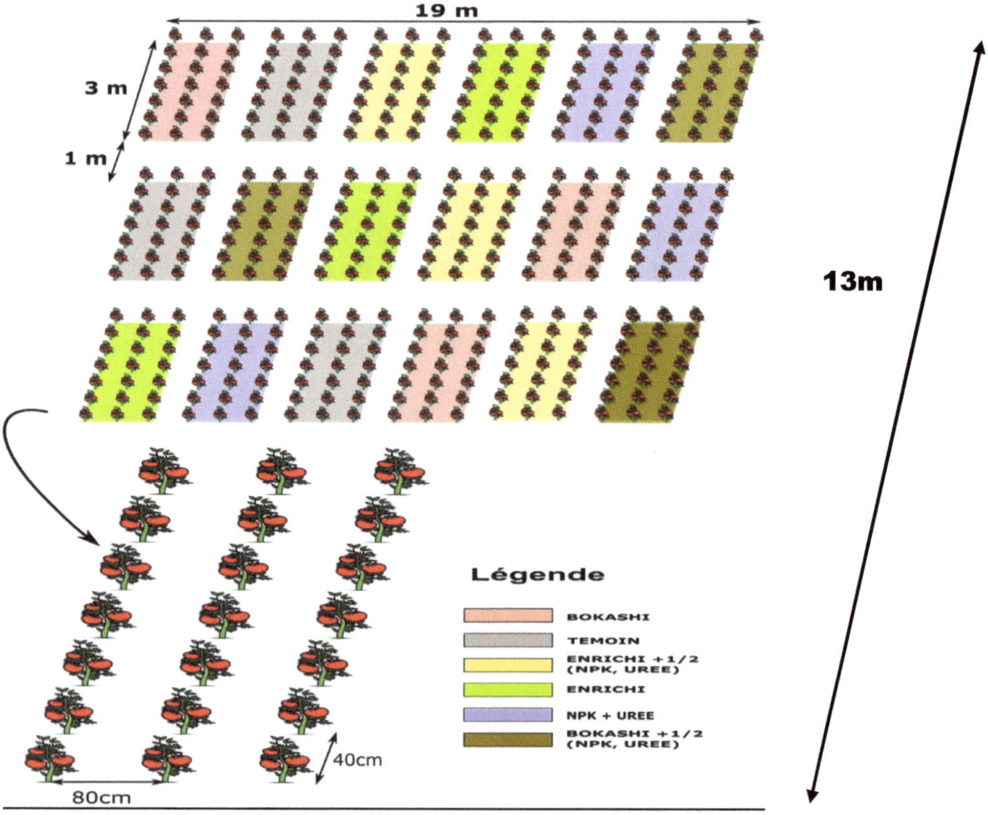

Figure 3 : *Dispositif expérimental*

La parcelle élémentaire mesure 3m de longueur sur 2m de largeur soit une superficie de 6m². Les écartements ont été de 80 cm entre les lignes et 40 cm entre les poquets selon les recommandations de la FAO. Dans chaque parcelle élémentaire, il y'a eu 3 lignes et 7 poquets par ligne soit 21 poquets/parcelle élémentaire. Une distance de 1m sépare les parcelles élémentaires. La superficie totale était de :

$$((6\ m\times6)+(1m\times7)\times3)+((3\times3)+(1\times4)) = 247\,m^2.$$

Les traitements comparés étaient :

T0 : témoin absolu ;

T1 : Compost enrichi au *Trichoderma harzianum* + 175 kg ha⁻¹ de NPK + 50 kg ha⁻¹d'urée,

T2 : Compost enrichi au *Trichoderma harzianum*

T3 : 350 kg ha⁻¹de NPK + 100 kg ha⁻¹d'urée

T4 : Bokashi + 175 kg ha⁻¹ de NPK + 50 kg ha⁻¹ d'urée,

T5 : Bokashi

2.3.2.   Conduite et suivi de l'essai

❖ Mise en place de la pépinière

Une pépinière a été mise en place le 17 juin 2019 pour la production des plants dans des pots larges (bidons de 20 litres divisés transversalement). Le substrat contenu dans chaque pot était constitué de terreau (sable) et de 1 kg de compost simple. 15 g de semence ont été répandus dans le substrat et pour stimuler la levée, 4 bouchons de biostimulant y ont été ajoutés et tous les pots recouverts avec des sacs en toile de jute. Au total six pots contenant environ 700 plants de tomate ont été utilisés.

Les pots étaient arrosés tous les jours, et au bout de cinq jours la quasi-totalité des plants était levée. Pour permettre aux jeunes plantules de recevoir plus d'air et de l'éclairement, les sacs de jute ont été enlevés pour être remplacés par des sacs beaucoup plus légers qui ont été par la suite remplacés par une moustiquaire. La **photo 5** est une représentation de notre pépinière.

Photo 5 : Pépinière au 7ème et au 24ème jours après semis

❖ Le repiquage

Le premier repiquage des plants a été effectué le 10 Juillet 2019, soit 24 jours après le semis. Le travail du sol avant repiquage a consisté d'abord à un désherbage du terrain, à la délimitation des superficies (parcelles élémentaires), et enfin au creusage des lignes sur les planches. Au total 336 plants de tomate ont été repiqués sur la parcelle en respectant les écartements de 40 cm x 80 cm. Le taux de mortalité observé étant de 17,7%. Un deuxième repiquage a été fait le 17 Juillet 2019, soit 7 jours après le premier.

❖ Fertilisation des planches

Les fertilisants appliqués étaient les engrais minéraux (NPK + Urée) et organiques (Bokashi et compost enrichi). Six jours avant le repiquage des plants, les différents engrais organiques ont été enfouis dans le sol des parcelles élémentaires sous forme de fumure de fond.

Les fertilisants organiques ont été apportés à raison de 30 t/ha en trois doses différentes de 3,33t/ha, 1,66t/ha et 1t/ha.

Le NPK (14-23-14-S6) a été apporté en deux fractions, à 14 jours après repiquage (JAR) et 28 JAR à la dose de 350 kg/ha.

L'urée a été apportée en dose unique de 100 kg/ha en début floraison, 28JAR.

❖ Entretien des parcelles

Pendant toute la période culturale, le champ expérimental était arrosé deux fois par jour, matin et soir avec une quantité d'environ 16 litres d'eau de barrage situé à proximité. Toutes les opérations de sarclage ont été réalisées manuellement en fonction du niveau d'enherbement.

Un traitement phytosanitaire a été effectué contre les attaques avec le biostimulant à base de *Trichoderma harzianum* à la mise en place de la pépinière et au repiquage pour d'abord la protection des semences, et ensuite les racines des plantes. Le biopesticide et les insecticides biologiques ont ensuite été utilisés pour la pulvérisation dans la lutte contre les chenilles, les termites et les autres insectes.

2.3.3. Paramètres agronomiques mesurés

❖ La hauteur (Ht) et le diamètre (Diam) des plantes

La hauteur et le diamètre des plantes ont été sur 15 pieds choisis de façon aléatoire dans chaque parcelle élémentaire. Les mesures ont été effectuées manuellement au repiquage, à 20, 35, 50 et 65 jours après repiquage (JAR) du collet de la plante jusqu'au dernier bourgeon à l'aide d'un mètre ruban pour ce qui est de la hauteur, et à l'aide d'un pied à coulisse pour le diamètre au collet à 65 JAR.

❖ La longueur (Lfrt) et la largeur (lfrt) des fruits

Ces deux paramètres ont été mesurés sur cinq (05) fruits choisis de façon aléatoire dans chaque traitement après chaque récolte. La mesure a été faite longitudinalement et transversalement à l'aide d'un pied à coulisse numérique.

❖ Le rendement par pieds

Le rendement a été évalué dans la parcelle utile de chaque traitement à la récolte. L'estimation a été faite par pied avant d'être ramenée à l'hectare à l'aide de la formule suivante :

$$\text{Rdt(kg/ha)} = \frac{\text{Rdt (g/pied)} \times 31250}{1000}$$

Avec 31250 : nombre de pied/ha et $\frac{1}{1000}$ le facteur de conversion en kg

2.3.4. Échantillonnage des sols

Les échantillons de sols ont été prélevés avant l'installation de la culture et à la fin dans les champs de tomate à une profondeur de 0-20 cm à l'aide d'une tarière (**Photo 6**). Les prélèvements ont été effectués en tenant compte de la topo-séquence (haut de pente, versant ou mi- pente et bas de pente). A chaque niveau de pente, trois échantillons de sol ont été prélevés puis mélangés pour constituer un échantillon composite. Les échantillons de sols ont été séchés, broyés puis tamisés à 2 mm et à 0,15 mm avant d'être analysés au laboratoire SEP.

Photo 6 : Tarière pour prélèvement de sol

2.3.5.   Méthodes de caractérisation physico-chimique de sol

Le pH_{eau} et le pH_{KCl} ont été mesurés au pH-mètre par la méthode électro métrique. Dix grammes (10 g) de sol sont mis dans un flacon dans lequel on ajoute 25mL d'eau distillée (plus 1,86g de KCl pour le pH_{KCl}). On obtient alors un rapport sol/eau de 1/ 2,5 selon la norme AFNOR (1981). La lecture est faite apres 1heure d'agitation de la solution.

Le carbone a été dosé par la méthode de WALKLEY-BLACK (1934). Cette méthode consiste à une oxydation à froid du carbone du sol avec du bichromate de potassium ($K_2Cr_2O_7$) 1N en présence de l'acide sulfurique (H_2SO_4) concentré. L'excès du bichromate non réduit est dosé par une solution de sel de Nohr $Fe(SO_4)_2(NH)_2$ 0,5M en présence d'indicateur coloré. La matière organique a été calculée en multipliant la valeur de la teneur en carbone par un coefficient égal à 0,1724 par les formules suivantes :

C $(g.kg^{-1})$ = [N × (V_1 − V_2) × 3,9] / PE

MO (%) = C $(g.kg^{-1})$ × 0,1724

V_1 : Volume de sel de Nohr utilise pour blanc

V_2 : Volume de sel de Nohr utilise pour doser l'échantillon de sol

N : Normalité de la solution de sel de Nohr et

PE : poids de la prise d'essaie

L'azote et le phosphore totaux ont été déterminés par attaque des échantillons de sol par la méthode KJELDALH suivie de dosages à l'auto analyseur SKALAR (colorimétrie automatique). Le potassium total a été dosé à l'aide d'un photomètre à flamme après minéralisation des échantillons de sol avec une solution d'acide sulfurique concentré à chaud et en présence d'un catalyseur.

2.4.   Analyse statistique des données collectées

Le logiciel Excel a été utilisé pour la saisie des données. Les données collectées ont été analysées à l'aide du logiciel XLATAT Pro version 7.5.2. Le test de Newman-Keuls a été utilisé pour la comparaison des moyennes lorsque l'analyse de variance (ANOVA) révèle des différences significatives entre les traitements au seuil de probabilité 5%. Les diagrammes en boite de moustache a été réalisé à l'aide du logiciel R-Studio 1.1.423 combiné avec le logiciel R.3.4.3. Les interprétations des caractéristiques des sols ont été faites selon les normes du BUNASOLS (1990).

3.1. Résultats
3.1.1. Caractéristiques chimiques des composts

L'analyse chimique des deux (02) composts révèle que le compost enrichi au *Trichoderma harzianum* est plus riche en éléments fertilisants totaux (N, P, K) que le compost Bokashi (**tableau III**). Cependant, le taux de carbone est plus élevé dans le compost Bokashi que dans le compost enrichi au *Trichoderma harzianum* avec également un rapport C/N supérieur au niveau de Bokashi (15) qu'au niveau du compost enrichi au *Trichoderma harzianum* (11). Les deux composts présentent un pH légèrement alcalin avec des températures de maturation de 26,5 et 27,6 pour le compost Bokashi respectivement pour le compost enrichi au *Trichoderma harzianum* respectivement.

Tableau III : Analyse chimique des composts biologiques

Composts	C (%)	N (g kg^{-1})	P (mg kg^{-1})	K (g kg^{-1})	C/N	pH	T (°C)
Bokashi	12,25	0,81	7,85	4,68	15	8,2	26,5
Au *Trichoderma harzianum*	11,56	1,08	11,42	10,44	11	7,9	27,6

3.1.2. Evaluation de l'effet des amendements biologiques sur le développement agro-morphologique de la tomate

3.1.2.1. Effets des amendements sur la hauteur des plants de la tomate

La **figure 4** présente les résultats de l'effet des amendements biologiques sur la hauteur des plantes. Cette croissance a été marquée par une phase stationnaire en début de repiquage et une phase de croissance active à partir du 20ème jour après l'application des fertilisants.

Les meilleures croissances en hauteur ont été observées au niveau des traitements T1 et T4 qui présentent des évolutions similaires. Également, les traitements aux composts seuls (T2 et T5) présentent une évolution des hauteurs presque semblable. Cependant, à partir du 50ème JAR, les résultats révèlent un ralentissement de croissance au niveau de T5, tandis que les plantes du traitement T2 continuent de croitre. L'analyse de la variance a révélé des différences hautement significatives entre les traitements au seuil de 5% depuis les 1ers jours après repiquage jusqu'au 60^{ème}JAR (P<0,001).

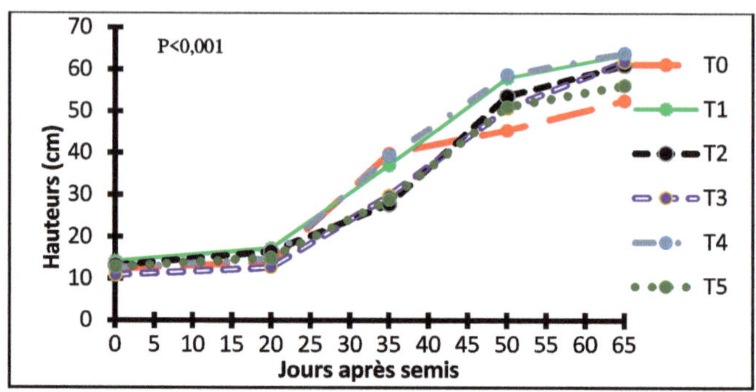

Figure 4 : *Variation de la hauteur en fonction des amendements à 0, 20, 35, 50 et 65 JAR.*

<u>Légende</u> *: T0 : témoin absolu ; T1 : Compost enrichi + 175 kg ha⁻¹ de NPK + 50 kg ha⁻¹ d'urée ; T2 : Compost enrichi ; T3 : 350 kg ha⁻¹ de NPK + 100 kg ha⁻¹ d'urée ; T4 : Bokashi + 175 kg ha⁻¹ de NPK + 50 kg ha⁻¹ d'urée ; T5 : Bokashi*

3.1.2.2. Effets des amendements sur le diamètre des plants de la tomate

La **figure 5** présente les diamètres au collet des plantes de tomate. Les croissances les plus importantes du diamètre des plantes ont été obtenues avec les traitements T1 et T4. Bien que l'analyse statistique ne révèle aucune différence statistique entre les deux traitements, les diamètres des plants observés au niveau des traitements à compost enrichi + ½ Fumure Minérale Vulgarisée sont supérieurs à ceux des traitements au Bokashi + ½ Fumure Minérale Vulgarisée. Les plus faibles valeurs de diamètre sont notées au niveau des traitements T3 et T0. La différence observée entre les traitements T2 et T5 est nettement significative. En effet, T2 présente des diamètres de collet plus importants que ceux de T5.

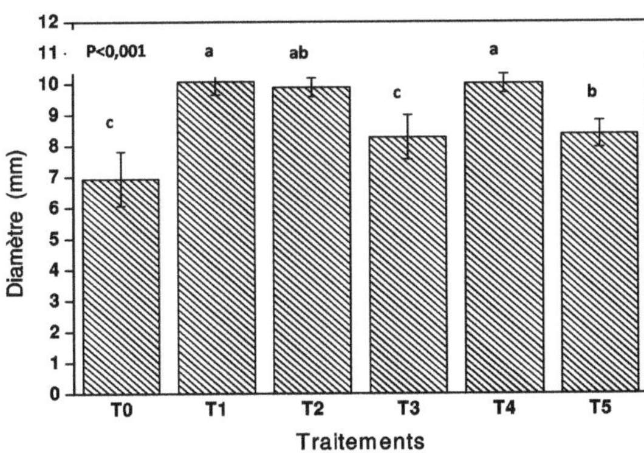

Figure 5 *: Variation du diamètre au collet des plantes en fonction des fertilisants à 65 JAR.*

Légende : *T0 : témoin absolu ; T1 : Compost enrichi + 175 kg ha^{-1} de NPK + 50 kg ha^{-1} d'urée ; T2 : Compost enrichi ; T3 : 350 kg ha-1de NPK + 100 kg ha-1d'urée ; T4 : Bokashi + 175 kg ha-1 de NPK + 50 kg ha-1 d'urée ; T5 : Bokashi*

3.1.3. Évaluation de l'effet des amendements biologiques sur les paramètres et le rendement de la tomate

3.1.3.1.　Effets sur la longueur et la largeur des fruits de tomate

Le **tableau III** représente les variations de la longueur et de la largeur des fruits de tomate en fonction des traitements. Les plus longs fruits ont été observés avec les traitements T1, T2 et T4. Ces trois traitements forment un groupe homogène et sont significativement supérieurs au témoin. Concernant la largeur des fruits, les traitements T1, T2 et T4 forment le meilleur groupe homogène significativement supérieur à T0, T3 et T5. Comparativement au compost Bokashi (T5) , le traitement avec le compost enrichi simple donne des valeurs de longueur et de largeur de fruits très élevées.

Tableau III : Variation de la longueur et la largeur des fruits en fonction des amendements biologiques

Traitements	Longueur (Lfrt)	Largeur (lfrt)
T0 : témoin absolu	29,379^b±5 ,28	37,301^b±7,11
T1 : compost enrichi+ ½ FMV	44,468^a±1,11	54,626^a±6,15
T2 : Compost enrichi	44,321^a±1,53	54,847^a±2,37
T3 : FMV	30,610^b±3,62	38,188^a±4,67
T4 : Compost Bokashi + ½ FMV	43,553^a±1,12	55,973^a±1,77
T5 : compost Bokashi	33,532^b±7,6	42,028^{ab}±1,01
Ddl	5	
Signification	HS	HS
Probabilité	0,001	0,004

Légende *: les moyennes affectées d'une même lettre ne sont pas significativement différentes au seuil de 5%. Les résultats sont les moyennes de trois répétitions HS = hautement significatif (P <0,004). FMV : Fumure Minérale Vulgarisée. Lfrt : longueur des fruits. Lfrt : largeur des fruits*

3.1.3.2.   Effets des amendements sur le rendement

Les rendements (**figure 6**) obtenus à la suite de cet essai sont appréciables. L'analyse statistique révèle une influence quelque peu significative des amendements biologiques sur le rendement de la tomate. L'analyse de la figure, révèle que les meilleurs rendements ont été obtenus dans les parcelles amendées avec les composts combinés à 175 kg ha^{-1} de NPK et 50 kg ha^{-1} d'urée (T4 et T1) et le compost enrichi (T2). Les plus faibles rendements ont été observés dans le témoin absolu (T0) et dans la parcelle amendée avec le Bokashi simple (T5). Cette étude révèle ainsi l'amélioration significative du rendement de la tomate due à l'amendement en compost enrichi seul (T2) par rapport au compost Bokashi seul (T5). En effet, la différence entre ces rendements est de 6948,5 kg ha^{-1}. Comparativement au témoin absolu, des accroissements de 12602,8 kg ha^{-1} et de 5654,3 kg ha^{-1} ont été obtenu avec le compost enrichi et le compost Bokashi seul. Par ailleurs, le compost enrichi présente une différence de rendement en tomate de 3246,5 kg ha^{-1} par rapport à la pratique paysanne.

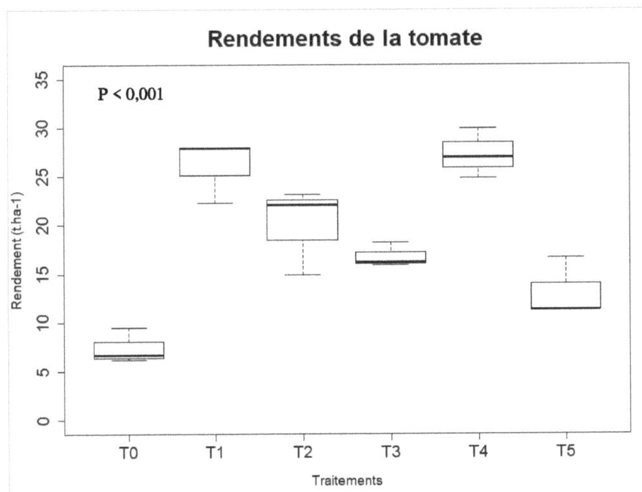

Figure 6 *: Variation du rendement des fruits en fonction de la fertilisation*
Légende *: T0 : témoin absolu ; T1 : Compost enrichi + 175 kg ha⁻¹ de*
NPK + 50 kg ha⁻¹ d'urée ; T2 : Compost enrichi ; T3 : 350 kg ha⁻¹de NPK + 100
kg ha⁻¹d'urée ; T4 : Bokashi + 175 kg ha⁻¹ de NPK + 50 kg ha⁻¹ d'urée ; T5 :
Bokashi

3.1.3.3. Corrélation entre les différentes variables

Le test de Pearson (n) indique qu'il existe une corrélation entre les différentes variables étudiées. Les résultats de l'analyse sont présentés dans le **tableau IV** de la matrice de corrélation.

Il ressort des résultats qu'il existe une forte corrélation positive entre le rendement et le diamètre au collet (**R^2 : 0,946**), et entre le rendement et la hauteur des plants au 65ème JAR (**$R^2 = 0,938$**). Il y a une corrélation entre le diamètre et la longueur des fruits (**$R^2 = 0,956$**) d'une part, et entre le diamètre et la largeur (**$R^2 = 0,949$**) des fruits d'autre part. Aussi, il existe une corrélation positive entre la longueur et la largeur du fruit (**R^2 : 0,995**). Il en est de même entre la hauteur au 50ème JAR et la longueur des fruits (**$R^2 = 0,882$**), et la largeur des fruits (**$R^2 = 0,891$**).

Tableau IV : Matrice de corrélation entre les différentes variables

	Rdt(t/ha)	lfrt	Lfrt	Ht0	Ht20	Ht35	Ht50	Ht65	Diam
Rdt(t/ha)	1,000								
Lfrt	0,877	1,000							
Lfrt	0,869	**0,995**	1,000						
Ht0	0,440	0,697	0,725	1,000					
Ht20	0,523	0,773	0,813	**0,964**	1,000				
Ht35	0,133	0,115	0,066	0,176	-0,017	1,000			
Ht50	**0,987**	0,891	0,882	0,522	0,584	0,121	1,000		
Ht65	**0,938**	0,722	0,725	0,176	0,321	-0,058	0,886	1,000	
Diam	**0,946**	**0,949**	**0,956**	0,575	0,696	-0,077	**0,951**	0,871	1,000

Légende : *Ht_{20} : hauteur des plantes à 20 jours après repiquage (JAR) ; Ht_{35} : hauteur des plantes à 35 JAR ; Ht_{50} : hauteur des plantes à 50 JAR ; Ht_{65} : hauteur des plantes à 65 JAR ; **Diam** : diamètre des plantes ; **Rdt**: rendement ; **Lfrt**: longueur des fruits ; **lfrt** : largeur des fruits. Les valeurs en gras indiquent de fortes corrélations entre les variables mesurées.*

3.1.4. Effets des traitements sur les paramètres physico-chimiques des sols

Les paramètres physico-chimiques des sols avant et en fin de campagne sont consignés sur le **Tableau V**.

Tableau V : Les caractéristiques physico-chimiques des sols en fin de campagne à profondeur de 0-20 cm.

Traitements	Azote	Carbone	Phosphore	pH	Potassium	C/N	MO
	Total	total	Total		Total		
	(g/kg)	(g/kg)	(g/kg)	eau	mg/kg		
T'0	0,224[e]	0,300[d]	125[c]	7,22[a]	1,02[d]	13[d]	0,517[f]
T0	0,233[e]	0,383[e]	85[e]	5,330[f]	1,133[d]	16[ab]	0,657[e]
T1	2,984[a]	4,570[a]	144[a]	7,200[a]	1,517[a]	15[bc]	7,833[a]
T2	2,953[a]	3,907[b]	136[b]	6,950[b]	1,470[ab]	13[d]	6,696[b]
T3	1,811[d]	3,050[d]	119[d]	5,940[e]	1,300[c]	17[a]	5,228[d]
T4	2,320[c]	3,460[c]	127[c]	6,830[c]	1,320[c]	15[bc]	5,930[c]
T5	2,424[b]	3,470[c]	136[b]	6,330[d]	1,410[b]	14[c]	5,948[c]
Ddl				05			
Pr> F	0,0001	0,0001	0,0001	0,0001	0,0001	0,0002	0,0001
Signification	THS	THS	THS	THS	THS	THS	THS

Légende : *la différence n'est pas significative entre les valeurs affectées par une même lettre dans une même colonne. Les résultats sont les moyennes de trois répétitions ; HS =hautement significatif (P <0,0001). Test Sudent Newman-Keuls au seuil de 5%. T'0 = avant apport d'amendement, T0 = Témoin absolu ; T1 =*

La détermination des caractéristiques physico-chimiques révèle que par rapport au sol de départ qui était neutre, les amendements biologiques (T1, T2 et T4) ont réussi à maintenir la neutralité du pH du sol. Cependant, les traitements T0 (témoin absolu), T3 (pratique paysanne) et T5 (Bokashi) ont contribué à acidifier le sol (pH< 7) (**Tableau V**).

Hormis le phosphore total, l'étude a révélé que tous les traitements ont eu une influence positive sur les éléments fertilisants (C, N et K) du sol car les teneurs ont été très considérablement améliorées. On constate que c'est le compost enrichi seul et le compost enrichi combiné avec de l'engrais minéral qui ont contribué plus à l'amélioration des propriétés chimiques du sol, suivi du compost Bokashi. L'amélioration induite par la pratique paysanne était moindre par rapport aux autres (**Tableau V**).

Pour le cas spécifique du phosphore total, il y a eu amélioration sauf au niveau des traitements T0 (témoin absolu) et (T3) (l'application unique des engrais minéraux) qui ont appauvri le sol en cet élément (P).

Aussi, on note dans ces deux traitements (T0 et T3), un rapport C/N très élevé, 16 et 17 respectivement. Alors que dans les parcelles amendées avec le compost enrichi simple (T2), compost Bokashi simple (T5) et les composts combinés à l'engrais minéral, le rapport C/N est moyen et compris entre 13 et 15 (**Tableau V**). Le plus faible rapport (13) a été noté au niveau du traitement T2 (compost enrichi simple).

3.2. Discussion

3.2.1. Evaluation de l'effet des amendements biologiques sur le développement agro-morphologiques de la tomate

Sous les traitements Bokashi + 175 kg ha^{-1} de NPK + 50 kg ha^{-1} d'urée et Compost enrichi + 175 kg ha^{-1} de NPK + 50 kg ha^{-1} d'urée, la croissance des plants de tomate a été beaucoup améliorée. Ce résultat est en accord avec ceux de Nacro (2018) qui a rapporté les meilleures croissances de plante niveau des fertilisants organiques associés à la fumure minérale vulgarisée (FMV). En effet, la matière organique pourrait constituer une source supplémentaire d'éléments nutritifs qui améliorerait l'efficacité des engrais minéraux. Elle rendrait les éléments nutritifs plus disponibles pour la croissance des plants. En comparant les deux composts (Bokashi et compost enrichi), on note que le compost enrichi est plus riche en éléments fertilisants et contribue à une meilleure croissance des plants de tomate. Ces résultats sont similaires à ceux de l'étude menée par Btissam *et al.* (2018) sur l'effet de diverses souches de *Trichoderma* sur la croissance d'une culture de tomate en serre, qui ont montré que la quasi-totalité des souches du *Trichoderma* est parvenue à stimuler les paramètres de croissance des plants de tomate à des degrés variables. Cette stimulation s'est traduite essentiellement par une meilleure croissance axiale, mais aussi dans les parties racinaires. Ces résultats confirment également ceux de Alla *et al.* (2018) qui ont rapporté que les applications des fumures organiques composées sont plus efficaces sur la croissance des plants de solanacées que celles des engrais organiques (compost seul).

De façon générale, les différentes fumures organiques appliquées ont favorisé le développement des tiges de tomate. Les valeurs les plus significatives ont été celles notées au niveau du compost enrichi + 175 kg ha^{-1} de NPK + 50 kg ha^{-1} d'urée et Bokashi + 175 kg ha^{-1} de NPK + 50 kg ha^{-1} d'urée. Cela serait lié à la forte disponibilité des macros éléments (l'azote) et des micros éléments (magnésium) contenus dans ces fertilisants. Au niveau des diamètres également, le compost enrichi a favorisé le développement plus que le compost Bokashi. Par ailleurs, à l'exception du témoin absolu, les mesures obtenues avec l'application de la FMV (T3) sont les plus faibles. Cela serait dû au fait que le compost améliorerait les qualités physico-chimiques et biologiques du sol et que la matière organique est une source importante en éléments minéraux (N, P, K). De plus, selon Choudhary *et al.* (2004), Abou El Majd (2008), la matière organique améliore la croissance en abaissant le pH de la rhizosphère, ce qui se traduit par une meilleure solubilisation des nutriments et une disponibilité élevée pour les plantes.

3.2.2. Evaluation de l'effet des amendements organiques sur les paramètres de rendement et le rendement de la tomate

L'estimation de la longueur et du diamètre moyen des fruits ont présenté des variations significatives en fonction des traitements appliqués. Par rapport au témoin absolu et à l'engrais chimique, les amendements organiques avec du compost, plus particulièrement le compost enrichi au *Trichoderma harzianum* ont amélioré tous ces paramètres mesurés. Cela pourrait s'expliquer par le fait que la morphologie des fruits exprime la quantité de matière organique mise en réserve par la plante. Ainsi, selon Hopkins et Evrard (2003), le potassium et le phosphore interviennent principalement dans la croissance des organes aériens chez la tomate.

Similaire aux autres paramètres étudiés, le plus haut rendement de la tomate estimé est obtenu dans les traitements T1 et T4. Selon Bahrampour et Zivey (2013), les effets des composts sont plus positifs en présence de teneurs en nutriments plus élevées. Le faible rendement obtenu dans le traitement au Bokashi par rapport au traitement au compost enrichi serait également lié à la nature du compost. En effet, le rapport C/N était à 14 dans le Bokashi et 13 dans le compost enrichi. Ce rapport élevé au niveau du Bokashi indique de faibles minéralisation et libération des éléments nutritifs par ce compost.

3.2.3. Evaluation de l'effet des amendements organiques sur les paramètres physico-chimiques des sols

La détermination des paramètres physico-chimiques révèle que par rapport au sol de départ qui était neutre, les amendements biologiques (composts) ont réussi à maintenir la neutralité du pH du sol. Cependant, les traitements sans apport (témoin absolu) et l'apport des engrais minéraux (NPK et urée) ont contribué à acidifier le sol. Cette étude met en évidence, l'importance des amendements organiques dans l'amélioration des propriétés biologiques et physico-chimiques du sol. Ces résultats sont similaires avec ceux de Misra *et al.* (2005) qui ont aussi trouvé que l'apport de la matière organique au sol a contribué à l'amélioration des propriétés physiques, chimiques et biologiques du sol. Ces résultats, montrant l'acidification du sol par l'utilisation des engrais minéraux, corroborent avec ceux de Novara *et al.* (2013) qui ont rapporté la nocivité de l'excès des engrais minéraux pour l'environnement et pour le sol. Selon Achieng *et al.* (2010), c'est cette mauvaise application des engrais minéraux qui ont contribué à l'acidification des sols, voire la baisse de la fertilité des sols et des rendements des cultures en Afrique.

L'étude a révélé également que tous les amendements organiques (composts simples et combinés avec les engrais minéraux) ont eu une influence positive sur les éléments fertilisants (C, N, P et K) du sol, car les teneurs ont été très considérablement améliorées. Cette influence sur les propriétés chimiques du sol serait due à la matière organique qui améliore les propriétés biologiques et physico-chimiques du sol et qui représente selon (Nacro, 1997), le paramètre fondamental de la fertilité des sols à court et à long terme. Ces résultats sont conformes à ceux de Gountan (2013) qui a montré une activité biologique plus forte et une population macrofaunique plus dense en présence de la matière organique exogène. Cela signifie que les composantes biologiques ont permis d'améliorer la fertilité du sol d'où l'augmentation du rendement à ce niveau par rapport au témoin absolu.

L'amélioration des propriétés physico-chimiques des sols, induite par les amendements organiques par rapport à l'utilisation exclusive des engrais minéraux s'expliquerait par l'effet de la matière organique qui, en même temps qu'elle améliore l'efficacité des engrais minéraux, améliore aussi les propriétés physico-chimiques et biologiques du sol (Guiatin, 2015).

Pour le cas spécifique du phosphore total, il y a eu une amélioration des éléments fertilisants sauf au niveau des traitements T0 (témoin absolu) et (T3) (l'application unique des engrais minéraux) qui ont appauvri le sol en cet élément (P). Aussi, on note dans ces deux traitements T0 et T3, un rapport C/N très élevé, 16 et 17 respectivement. En général, le rapport C/N détermine la capacité des micro-organismes à décomposer la matière organique du sol. Il est aussi le plus souvent considéré comme la capacité à minéraliser l'azote du sol (Wu *et al.*, 2001) ou est utilisé pour indiquer la qualité et évaluer le bilan carbonique et azoté du sol (Shunfeng *et al.*, 2013). Un rapport C/N élevé ralentit la vitesse de décomposition ou la minéralisation de la matière organique et de l'azote (Wu *et al.*, 2001). Une fois que la décomposition est ralentie, l'activité microbienne aussi est limitée, ce qui expliquerait les conditions du sol sur lequel a été appliqué le traitement T0 et T3. Un rapport C/N faible serait le mieux car selon (Wu *et al.*, 2001), il contribuerait à accélérer le processus de la minéralisation microbienne de la matière organique et de l'azote. C'est ce qui a favorisé l'amélioration de la fertilité du sol et du rendement sur lequel ont été appliqués les amendements organiques à base du compost enrichi.

Conclusion générale

Le travail présenté dans ce mémoire à essentiellement porté sur l'effet de l'enrichissement des sols amendés par deux composts biologiques (Bokashi et Compost enrichi au *trichoderma harzianum*) sur la production de la tomate et les propriétés physico-chimiques du sol. A l'issu de cette étude les résultats suivants ont été obtenus :

Les amendements organo-biologiques d'une manière générale ont des effets significatifs sur les paramètres agro-morphologiques, de rendement et physico-chimiques du sol étudié.

Le Compost enrichi au *Trichoderma harzianum* est plus riche en éléments fertilisants (azote, phosphore et potassium) que le compost Bokashi.

Le compost Bokashi n'est efficace qu'en association avec le NPK et l'Urée.

Concernant les paramètres agronomiques de la tomate, les composts ont permis d'obtenir les meilleurs résultats par rapport aux fertilisants conventionnels.

La fumure minérale n'est seulement efficace que lorsqu'elle est en association avec un compost.

L'hypothèse selon laquelle les amendements biologiques ont un effet sur le développement agro-morphologique de la tomate est ainsi vérifiée. Par contre, l'hypothèse sur l'effet des amendements biologiques sur le rendement de la production de la tomate ne fait pas l'unanimité. Elle n'est vérifiée qu'avec le compost enrichi au *Trichoderma harzianum* qui donne des rendements supérieurs à ceux de la pratique paysanne. Le rendement du compost Bokashi est inférieur à celui obtenu avec la pratique paysanne.

Pour ce qui concerne les propriétés physico-chimiques des sols, les amendements biologiques ont contribué à améliorer très significativement la fertilité des sols sur lequel ils ont été appliqués. Ces résultats confirment notre hypothèse selon laquelle les amendements biologiques améliorent les paramètres chimiques et biologiques du sol.

Comme perspectives nous proposons de :

- Identifier la quantité optimale nécessaire du compost enrichi, en fonction des sols pour le développement et pour l'augmentation des rendements de culture ;
- Évaluer l'effet des pesticides biologiques sur la santé des plants et des fruits de la tomate ;
- Analyser la rentabilité économique des fertilisants organiques (Bokashi et Compost enrichi au *Trichoderma harzianum*) ;

Références bibliographiques

Achieng J. O., Ouma G., Odhiambo G., Muyekho F., 2010. Effect of farmyard manure and inorganic fertilizers on maize production on Alfisols and Ultisols in Kakamega, Western Kenya. Agric. Biol. J. N. Am. 1(4) 430-439 Pages.

AFNOR, 1981. Détermination du pH. Qualité des sols, Paris, 339-348 Pages.

Alla K. T., Bomisso E. L., Ouattara G., Dick A. E., 2018. Effets de la fertilisation à base des sous-produits de la pelure de banane plantain sur les paramètres agro-morphologiques de la variété d'Aubergine F1 kalenda (*Solanum melongena*) dans la localité de Bingerville en Côte d'Ivoire. Journal of Animal & Plant Sciences. Vol.38, Issue 3. 6292-6306.

Arias A., 2001. Suelos tropicales. Editonial Universidad Estatal a Distancia. San José, Costa Rica.

Bacye B., Feller C., Moreau R, 1993. Décomposition d'une poudrette de fumier incorporée dans un sol sableux de versant et un sol argilo-lirnoneux de bas-fond en milieu soudano-sahélien (Burkina Faso).109-121.

Bado B. V., 2002. Rôle des légumineuses sur la fertilité des sols ferrugineux tropicaux des zones guinéennes et soudaniennes du Burkina Faso. Thèse de Ph. D. Université Laval, Canada. 166 Pages.

Bado B.V., Sedogo M. P., Cescas M. P., Lompo F., Bationo A., 1997. Effet à long terme des fumures sur le sol et les rendements du maïs au Burkina Faso. Cahiers Agricultures 6: 571-575.

Bahrampour T., Ziveh P. S., 2013. Effect of Vermicompost on Tomato (*Lycopersicum esculentum*) Fruits. Intl. J. Agron. Plant. Prod. 4 (11) : 2965-2971.

Bénard C., 2009. Étude de l'impact de la nutrition azotée et des conditions de culture sur le contenu en polyphénols chez la tomate, Institut National Polytechnique de Lorraine, 206 Pages.

Blanc D, 1986. The influence of cultural practices on the quality of production in protected cultivation with special references to tomato production. Acta Horticultural 191. 85-98.

Boga J.P., 2007. Étude expérimentale de l'impact de matériaux de termitières sur la croissance, le rendement du maïs et du riz et la fertilité des sols cultivés en savanes sub-soudaniennes, booro-borotou (côte d'ivoire). Thèse de doctorat de l'université de cocody, abidjan, 231 Pages.

Bonzi M., 2002. Évaluation Et Déterminisme Du Bilan De 1'azote En Sols Cultivés Du Centre Burkina Faso : Étude Par Traçage Isotopique 15n Au Cours d'essais En Station Et En Milieu Paysan. Thèse De Doctorat. Institut National Polytechnique De Lorraine, France. 127 Pages.

Bougoum H., 2012. Analyse des effets spécifiques et combinés des principes de l'agriculture de conservation sur la conduite et les performances technico-économiques des parcelles de Sorgho (*Sorghum bicolor* (L). Moench). Mémoire d'ingénieur du développement rural, option Agronomie. Institut du Développement Rural, université Polytechnique de Bobo-Dioulasso. 57 Pages.

BUNASOL, 1990. Evaluation des terres. Do technique n°6. 180 Pages.

Caburet A., Daly P., De Bon H., Huat J., Langlais C., Lyannaz J.P., Ryckewaert P., 2002. Les légumes. In Memento de l'agronome. CIRAD ET GRET, Montpellier, France. 1023-1049.

Choudhary O.P., Josan A.S., Bajwa M.S., Kapur M.L., 2004. Effect of sustained sodic and saline-sodic irrigation and application of gypsum and farmyard manure on yield and quality of sugar caneunder semi-arid conditions. Field Crops Research, 87 (2) : 103-116.

Chougar S., 2011. Bioécologie de la mineuse de la tomate *Tuta absoluta* (MEYRICK, 1917) (*Lepidoptera*: Gelechiidae) sur trois variétés de tomate sous serre (Zahra, Dawson et Tavira) dans la wilaya de Tizi-Ouzou. Thèse de Doctorat Unique, Université Mouloud Mammeri, 106 Pages.

De Broglie L. A., Guéroult D., 2005. Tomates d'hier et d'aujourd'hui. Paris, Hoëbeke. 143 Pages.

Djidji a. H., Zohouri G. P., Fondio l., Nzi J. C., Kouamen C., 2010. Effet de l'abri sur le comportement de la tomate (*Solanum lycopersicum* L.) en saison pluvieuse dans le Sud de la Côte-d'Ivoire. Journal of Applied Biosciences, 25:1557 - 1564, CNRA Côte D'Ivoire, ISSN 1997 – 5902.

Dore C., Varoqaux F., 2006. Histoire et amélioration de cinquante plantes cultivées, Paris, France, INRA, 698 Pages.

EASYPol, 2007. Module EASYPol 107Analyse de la filière maraichage au Burkina Faso Novembre.

El-Magd A. M. M., Zaki M. F., Abou-Hussein S. D., 2008. Effect of organic manure and different levels of saline irrigation water on growth, green yield and chemical content of sweet fennel. Australian Journal of basic and applied sciences, 2 (1): 90-98.

FAO. 2017. FAO Statistic. Www faostat.fao.org. Consulté le 23 Juillet 2019 et le 26 Février 2020.

Garane A., Some K., Nikiema J., Ouango K., Traore M., Sawadogo M., Belem J., 2019 effet des fréquences d'apports des engrais minéraux sur la productivité de la tomate (*Lycopersicon esculentum Mill* .) sous abris en saison pluvieuse dans le centre du Burkina Faso. Afrique SCIENCE 15(3) 190 – 207.

Gountan A. ,2013 effet des pesticides et de différents types de matière organique sur la macrofaune et la microflore d'un sol sous culture pluviale de tomate (*Lycopersicum esculentum* Linné). Mémoire de Fin de cycle option Agronomie, Université Polytechnique de Bobo-Dioulasso/Institut du Développement Rural, 77 Pages.

Guiatin Epiphane, 2015. Options de fertilisation pour la production durable de mil et de sorgho parcs agroforestiers du Centre Sud au Burkina Faso. Mémoire d'ingénieur de développement rural. IDR/UPB. Burkina Faso, 54 Pages.

Hema A., 2003. Contraintes liées à la production de la fumure organique dans la zone cotonnière ouest du Burkina Faso : cas des régions cotonnières de N'Dorola, de Dédougou, de Houndé et de Banfora. Mémoire d'ingénieur du développement rural, option Agronomie. Université Polytechnique de Bobo Dioulasso/Institut du Développement Rural, Bobo Dioulasso, Burkina Faso. 88 Pages.

Hopkins W. G., Evrard C.M., 2003. Physiologie Végétale. De Boeck Superieur (Eds), Bruxelles Belgium, 532 Pages.

Inckel M., Peter de Smet, Tersmette T., Veldkamp T. 2005. Agrodok La fabrication et l'utilisation du compost. 72 Pages.

Kabore M., Ouedraogo F. G., 2009. Monographie De La Région Du Centre-Ouest. 179 Pages.

Karambiri S., 2007. Déterminants socio-économiques de l'adoption de la pratique du compostage à l'aide de l'activeur compost plus : cas des provinces de la Sissili, du Ziro, et du koulpélogo. Licence en vulgarisation agricole, IDR/UPB, Bobo-Dioulasso. 65 Pages.

Konkole M. A. W., 2011. « Étude des effets de la production irriguée du manioc (*Manihot esculenta Crantz.*) Sur la fertilité des sols : cas des périmètres irrigués de Bon, de Savili et de Tanghin Wobdo. Mémoire de Fin de cycle option Agronomie, Université Polytechnique de Bobo-Dioulasso/Institut de Développement Rural, 77 Pages.

Kotchi V., Yao K.A., Sitapha D., 2010. Réponse de cinq variétés de riz à l'apport de phosphate naturel de Tilmesi (Mali) sur les sols acides de la région forestière de Man (Côte d'Ivoire). Journal of applied Biosciences 31: 1895-1905.

Lompo F., Segda Z., Gnankambary Z., et Ouandaogo N., 2009. Influence des phosphates naturels sur la qualité et la biodégradation d'un compost de pailles de maïs. Tropicultura 27 (2) : 105-109.

Maba B., 2007. « Identification des éléments nutritifs majeurs limitant et des stratégies appropriées de fertilisation sous culture de maïs dans l'Ogou-Est de la région de plateaux » ; Mémoire d'ingéniorat : Agronomie, Université de Lomé (TOGO), 84 Pages.

MAHRH., 2011. Rapport d'analyse du module maraîchage. Rapport d'étude phase 2 : RGA 2006-2010, Ministère de l'Agriculture de l'Hydraulique et des Ressources Halieutiques, Ouagadougou, Burkina Faso, 214 Pages.

MASA, 2014. Rapport d'analyse du maraichage campagne 2011/2012. Ministère de l'Agriculture et de la Sécurité Alimentaire, Burkina Faso, 42 Pages.

MARHASA, 2014. Ministère de l'Agriculture, des Ressources Halieutiques, de l'Assainissement et de la Sécurité Alimentaire, Ouagadougou, Burkina Faso.

Mbouaka M. E., 2000. Étude de l'efficacité agronomique des composts d'ordures ménagères au Burkina Faso : cas de la ville de Ouagadougou. Mémoire d'Ingénieur du Développement Rural, option : Agronomie. Institut du Développement Rural, Université Polytechnique de Bobo-Dioulasso, Bobo-Dioulasso, Burkina Faso, 63 Pages.

Memento de l'agronome, 2018, CIRAD – GRET, MAE. Editions Quae, Paris/France, 1045-1049.

Messiaen C.M., 1975. Le potager tropical- Tome II, Paris, France, Presses universitaires de France, 580 Pages.

Mirsa R. V., Ruy R. N., Hiraoka H., 2005. Methodes de compostage au niveau de l'exploitation. Document de travail sur les terres et les eaux 2. Organisation des Nations Units pour l'Alimentation et l'Agriculture, Italie, Rome, 35 Pages.

Moco S., Bino R. J., Vorst O., Verhoeven H. A., De Groot J., Van Beek T. A., Vervoort J., De Vos C. H. R., 2006. "A liquid chromatography-mass spectrometry-based metabolome data base for tomato." Plant Physiology 141(1205-1218).

Mulaji K.C., 2011. Utilisation des composts de bio-déchets menagers pour l'amélioration de la fertilité des sols acides de la province de Kinshasa (République Démocratique du Congo). Thèse de doctorat, Université de Liège- Gembloux Agro-Biotech, 220 Pages.

Mustin M., 1987. Le compost Gestion de la matière organique. Editions François Dubusc.
Paris. 954 Pages.

Nacro N. B., 1997. Hétérogénéité de la matière organique dans un sol de savane humide (I.amto. Côte d'Ivoire) : caractérisation et étude, in vitro, des activités microbiennes de minéralisation du carbone et de l'azote. Thèse de doctorat de l'Université Pierre et Marie Curie, Paris VI, Paris, France : 302 Pages.

Nacro S. R., 2018. Effets des fertilisants organiques sur la production de la tomate et les parametres chimiques du sol au centre nord du burkina faso.mémoire de fin de cycle option agronomie, Université Nazi-Boni/Institut de Déveleppement Rural. Bobo-Dioulasso, 56p.

Naika S., Joep V., Marja de Goffau, Martin H., Barbara V. D., 2005. La culture de la tomate : production, transformation et commercialisation. Ed Fondation Agromisa et CTA, Wageningen, 106 Pages.

N'Dienor M., 2006. Fertilité et gestion de la fertilisation dans les systèmes maraîchers périurbains des pays en développement : intérêts et limites de la valorisation agricole des déchets urbains dans ces systèmes, cas de l'agglomération d'Antananarivo (Madagascar). Thèse de doctorat, Université d'Antanarivo, Ecole Supérieure des Sciences Agronomiques, 242 Pages.

Novara A., Gristina L., Guaitoli F., Santoro A., Cerdà A., 2013. Managing soil nitrate with cover crops and buffer strips in Sicilian Vineyards. Solid Earth, 4, 255-262.

Nyembo K. L., Useni S. Y., Chinawej M. M. D., Kyabuntu I. D., Kaboza Y., Mpundu M. M., Baboy L. L., 2014. Amélioration des propriétés physiques et chimiques des sols sous l'apport combiné des biodéchets et des engrais minéraux et influence sur le comportement du maïs (*Zea mays L. var Unilu*). Journal of applied Bioscience 74 : 6221-6130.

Ouedraogo A., 2019. Technique de production de compost à base de substrats locaux et qualité de compost obtenus, Rapport de stage de fin de cycle, CAP de Matroukou, BF 64 Pages.

Ouedraogo R., 2016. Évaluation des effets de la fiente de volaille, du fumier de vache et du fumier de porc sur le flétrissement bactérien de la tomate. Mémoire de Fin de cycle option Agronomie, Université Nazi-Boni/IDR, 63 Pages.

Ouedraogo W.B.M., 2019. Évaluation de l'effet de trois amendements organo-biologiques sur la production de la tomate (*Lycopersicon esculentum mill.*

solanacée) : cas de soala.memoire de fin de cycle, l'institut polytechnique privé shalom (ips), 52 Pages.

Paredes, M. V., 2013. Utilizaçaó dos micro-organismos eficazes (EM) no proceso de compostagem. Universidade José do Rosadio Vellano-UNIFENAS. Brésil. 63 Pages.

Pieri C., 1986. Fertilisation des cultures vivrières et fertilité des sols en agriculture paysanne
Subsaharienne. L'Agronomie tropicale 41(1) : 1-20.

RGA 2006-2010.Phase 2 : Rapport General du module Maraichage, Aout 2011.

Sanon S. B., 2009. Problématique de la gestion de la fumure organique dans les régions de l'Est et du Nord du Burkina Faso. Mémoire d'ingénieurs du développement rural, option Agronomie. Institut du développement Rural, Université Polytechnique de Bobo-Dioulasso. 57 Pages.

Sedogo P. M., 1993. Evolution des sols ferrugineux lessivés sous culture: incidence des modes de gestion sur la fertilité. Doctorat es Sciences Naturelles (Agro-écopédologie).Université Nationale de côte d'Ivoire, Côte d'Ivoire. 295 Pages.

Shankara N. , Van Lidt De Jeud, De Goffau M. , Hilmi M., Van Dam B. Et Florijin A. , 2005. La culture de la tomate : production, transformation et commercialisation. 5eme (ed). foundation agromisa et CTA, Wageningen. 105 Pages.

Shunfeng, G., Haigang, X., Mengmeng J., Yuanmao J. 2013. Characteristics of Soil Organic Carbon, Total Nitrogen, and C/N Ratio in Chinese Apple Orchards. *J. Soil Sci.*, *3*, 213-217.

Sikuzani, 2014. Amélioration de la qualité des sols acides de Lubumbashi par l'application de différents niveaux de compost de fumiers de poules. Journal of Applied Biosciences 77 : 6523-6533.

Toundou O., 2016. Evaluation des caractéristiques chimiques et agronomiques de cinq composts de déchets et étude de leur effet sur les propriétés chimiques du sol, la physiologie et le rendement du Maïs (*Zeamays* L. Var. Ikenne) et de la tomate

(*Lycopersicon esculentum* L. Var. Tropimech) sous deux régimes hydriques au Togo. Thèse de doctorat. Université de Lomé, Togo. 183 Pages.

Walkley A. and Black J. A., 1934. An examination of the Degtjareff method for determining soil organic matter and a proposed modification of the chromatic acid tirration method, 29-38 Pages.

Wu, H. B., Guo, Z. T. & Peng, C. H. 2001 "Changes in Terrestrial Carbon Storage with Global Climate Changes since the Last Interglacial," *Quaternatry Sci., 21(4)*, 366-376.

Zangre A., 2000. Effets combines du travail du sol et des amendements organiques sur la fertilité d'un sol ferrugineux tropical lessivé dans la région de SARIA (zone centre du Burkina Faso). Memoire d'ingéniorat / option Agronomie / IDR/ Bobo, 97 Pages.

Webographie :
Nanoromap. Satellites.pro Consulté le 11 Octobre 2019.

Annexes

Annexe 1 : Normes d'interprétation des paramètres physico-chimiques des sols du Burkina Faso

Paramètre chimiques		Très bas Défavorable	Bas	Moyen	Elevé	Très élevé Favorable
MO	%	< 0,5	0,5-1,0	1,0-2,0	2,0-3,0	> 3,0
	Cotation	1	2	3	4	5
Azote total	%	< 0,02	0,02-0,06	0,06-0,10	0,10-0,14	> 0,14
(N)	Cotation	2	2,5	3	3,5	4
Phosphore	Ppm	< 5	5-10	10-20	20-30	> 30
Assimilable (P)	Cotation	2	2,5	3	3,5	4
Phosphore	Ppm	< 100	100-200	200-400	400-600	> 600
Total (P')	Cotation	2,50	2,75	3,0	3,25	3,5
pHeau (H)	Valeurs	> 9,0 < 4,5	8,5-9,0 4,6-	7,9-8,4 5,1-	7,4-7,8	6,1-7,3
	Cotation	1	2	3	4	5
			Rapport			
C/N	Valeurs	< 8	8 à 10	10 à 15	15 à 25	> 25

(**Sources** : Manuel pour l'évaluation des terres, documents techniques n°6, BUNASOLS/Ouagadougou ; 181p. 1990).

Annexe 2 : caractérisations physico-chimiques du profil pédologique.

Caractéristiques	Profondeur (cm)			
	0-16	16-50	50-77	77-113
Couleur	brun grisâtre très foncé	brun vif	jaune brunâtre	jaune brunâtre
Granulométrie (%)				
Argile	13, 73	39,22	45,10	43,14
Limon	23,52	15,68	15,68	13,72
Sable	62,75	45,10	39,22	43,14
Texture	LS	AS	A	A
Matière organique (%)				
Matière organique totale	0,902	0,721	0,829	0,497
Carbone total	0,523	0,418	0,481	0,288
Azote total	0,041	0,034	0,041	0,024
C/N	13	12	12	12
Phosphore (ppm)				
Phosphore total	203,8	254,8	249,1	249,1
Phosphore assimilable	8,64	6,17	5,93	4,94
Potassium disponible	37,5	149,2	227,3	45,7
PHeau	5,76	5,54	5,43	6,64

(Source : SAWADOGO et BASSON (2011) cité par DEMBELE (2014))
NB : LS= Limono-sableux ; AS= Argilo-sableux ; Argileux

Annexe 3 : Tableau d'activités

Activité	Date
Semis	17/06/19
Repiquage	Premier : 10/07/19 Deuxième : 16/0719
Binage	24/07/19 10/08/19
Sarclage	26/07/19 21/08/19
Mise en place des tuteurs	13/08/19

Annexe 4 : Amendement et entretient

Produit	Date	Quantité/planche
Amendement		
Bokashi	05/07/19	10 kg
	30/07/19	5kg
	14/08/19	3kg
Compost enrichi	05/07/19	10 kg
	30/07/19	1667g
	06/08/19	3,4kg
	14/08/19	3kg
NPK, UREE	24/07/19	90g (NPK)
	06/08/19	90g (NPK)
	14/08/19	60g (UREE)
Bokashi + NPK, UREE	05/07/19	10 kg
	24/07/19	45g (NPK)
	30/07/19	5kg
	06/08/19	45g (NPK)
	14/08/19	3kg
Compost enrichi + NPK, UREE	05/07/19	10 kg
	24/07/19	45g (NPK)
	30/07/19	1667g
	06/08/19	3,4kg de CE + 45g (NPK)
	14/08/19	3kg de CE + 30g UREE
Solsain	10/07/19	----

limonsain	09/08/19	6 bouchons
	23/08/19	9 bouchons
Piol	16/08/19	13 bouchons
Biopoder	04/09/19	9 bouchons